OUR LADY OF TIRES / NOTRE DAME DES PNEUS

Trévien, trans. Lando

ISBN: 978-1-915079-20-6

Cover designed by Aaron Kent

Cover photo: Jules et Jane

Photo embroidered by: Mathilde Legrand

Edited and typeset by Aaron Kent

Broken Sleep Books Ltd
Rhydwen,
Talgarreg,
SA44 4HB
Wales

Contents

Our Lady of Tires /
Notre dame des pneus

Claire Trévien
Trans. Marie Lando

We pick our roles and wait backstage

We burn
We burn barks of papers, watch the decrees
slash a scream, dazzling,
then carbonised.

We burn
On the road, the long road of buildings
chewed by the wind. The long road
that leads to nowhere but the sharp edge.
The long quiet road along which horses munch.
There's a fire every day.
We burn
Quiet footsteps on the long quiet road.

One man shuffles down from the bell tower
where he's hung a loud no. Women open
the shutters, walk as if to the market.
A quiet crowd with a microphone and a fire.
The papers are loud then quiet again.
Everyone goes home.

We burn
In Braud-et-Saint-Louis there was no fire.
They said no, you said yes, and the nuclear came.
We will set fire to your yes
until it crumbles away.

We burn
We have heard of you, us little towns
gossip like you wouldn't believe.
We know what happens to those who behaved.
Their land shorn up and wasted,
a vast oil spill coating the houses,
the birds, the people, until the sky
becomes a stranger.

We burn
We've seen you coming for years.

Nous choisissons un rôle et patientons en coulisse

Nous brûlons
Nous brûlons des écorces de papiers, regardons les décrets
déchirer un cri. Flamboyants
puis carbonisés.

Nous brûlons
Sur la route, la longue route de bâtisses
rongées par le vent. La longue route
qui ne mène nulle part ailleurs qu'à la lame.
La route longue et tranquille au bord de laquelle mâchouillent les chevaux.
Tous les jours, il y a un feu.
Nous brûlons
Des pas tranquilles sur la route longue et tranquille.

Un homme redescend à petits pas du clocher
où il a accroché un NON tonitruant. Des femmes ouvrent
leurs volets, avancent tranquillement comme pour aller au marché.
Une foule paisible avec un microphone et un autodafé.
Les dossiers sont bruyants puis silencieux.
Chacun rentre chez soi.

Nous brûlons
À Braud-et-Saint-Louis, il n'y a pas eu de feu.
Ils ont dit non, vous avez dit oui, et le nucléaire est arrivé.
Nous mettrons le feu à votre oui
jusqu'à ce qu'il se désagrège.

Nous brûlons
Nous vous connaissons. Nous autres, petites villes,
papotons comme c'est pas permis.
Nous savons ce qu'il advient à ceux qui se soumettent.
Leur terre dévastée, en friche.
Une immense nappe de pétrole enrobant les maisons,
les oiseaux, les hommes ;
le ciel devient un inconnu.

Nous brûlons
Nous vous voyons venir depuis des années.

That is the way I wanted to begin

with your voices crowding
at my teeth, choking their path
to the front. Does a story
stop being a story when it reaches you?
There's a Marie-Paule and a Fanch
and a Thérèse, and a bundle of others
with the hoods of their green or yellow
coats slick with the rain, a slingshot
slung around their necks. The rivers
and the women carry stones in their pockets.
They have faces I know but don't know,
the features so familiar I could create a composite
without looking. I open my mouth,
and only stones come out.

C'est comme ça que je voulais commencer

avec vos voix s'amassant contre
mes dents, s'étranglant vers l'avant.
Est-ce qu'une histoire arrête d'en être une
lorsque tu l'entends ?
Il y a une Marie-Paule,
un Fanch, une Thérèse et une foule d'autres
avec les capuches de leurs manteaux verts
ou jaunes ruisselant de pluie, un lance-pierre
lacé autour du cou. Les rivières
et les femmes portent des cailloux dans leurs poches.
Elles ont des visages connus mais inconnus,
leur physionomie tellement familière
que je pourrais créer un composite sans les regarder.
J'ouvre ma bouche et seules des pierres en sortent.

I discovered in this town more than a cliff

Even this jumble of rocks,
these dice thrown down
into a semblance of a path
towards the lighthouse,
or, rather,
knives jerking from kelp to sky
even they,
even they have names.

The crones' fishing spot,
the lopsided rock, the rock
that looks like a cat, the rock that belongs to Hervé,
the one of Louis XVI's head, the one on which Sarah Bernhardt sat,
the lobster's hole, the sleeping rock.
Each collective of birds has claimed one or more as theirs.

Names flung which barnacle-stuck;
names passed from palm to palm across the week;
names half drowned and washed up on the beach
with a new tail – unrecognisable to themselves.

Names nevertheless. To be named is to be known
even in passing. That someone once stopped to look at you
and collect you for a bird or a tyrant or themselves.

Dans cette ville, j'ai trouvé plus qu'une falaise

Même cet amas de roches,
ces dés jetés d'en haut,
façonnant un semblant de chemin
en direction du phare,
ou, plus exactement,
ces couteaux qui se dressent chaotiquement entre goémon et ciel,
eux aussi,
eux aussi ont un nom.

Le lieu de pêche préféré des vieilles,
le rocher en travers, le rocher
aux oreilles de chat, celui qui appartient à Hervé,
celui qui a la tête de Louis XVI, le rocher où s'asseyait Sarah Bernhardt,
le trou du homard, le rocher endormi.
Chaque collectif d'oiseaux en a revendiqué plus d'un.

Des noms prononcés un jour et restés attachés comme un bigorneau ;
des noms échangés de paume en paume d'un bout à l'autre de la semaine ;
des noms presque noyés, recrachés sur le rivage
avec une nouvelle queue - méconnaissables à eux-mêmes.

Des noms qui n'en restent pas moins des noms. Avoir été nommé, c'est avoir existé,
même en passant. Un jour, quelqu'un s'est arrêté pour vous regarder
et vous offrir à un oiseau, à un tyran ou à lui-même.

We will build a harbour

Plogoff wasn't a fashionable town.
A rusty town.

A corridor town to the shredded cliffs.
A precarious town
jutting out into the darkness,
with the weather clawing it thinner and thinner.

Plogoff was a quiet, left-alone town except for the visitors.

The many visitors.

They came in the summer mornings by car, by campervan, by bus.

They trod and teared and took plants to sway in their hands
for a few metres, then planted them into the sea. After each day,
the slope sharpened imperceptibly, unravelling the made-up paths.

Directors thought,
       this town will be an easy mark,
as they pinned it on the map.

A great place to have a nuclear station they agreed.
We'll have a port here at the place where the waves are never
happy. *The town will be grateful to have electricity.*

They did not suspect that the weather had sharpened more than
the landscape.

Nous allons construire un port

Plogoff n'était pas à la mode.
Une ville rouillée.

Un couloir vers les falaises déchiquetées.
Une ville précaire
en équilibre dans l'obscurité
tandis que les éléments la griffent de ci de là.

Plogoff était tranquille, à part les visiteurs.

Trop de visiteurs.

Ils arrivaient ces matins d'été par voiture, par camping-car, par bus.

Ils ont marché et déchiré. Les plantes déracinées pour se balancer dans leurs mains
quelques mètres, avant d'être plantées dans la mer. Chaque jour,
la pente s'accentuait imperceptiblement, défaisant les sentiers tracés.

Les directeurs ont pensé,
        cette ville va être facile
lorsqu'ils l'ont épinglée sur la carte.

Un endroit idéal pour une station nucléaire.
On mettra un port là où les vagues ne sont jamais satisfaites.
La ville sera heureuse d'avoir de l'électricité.

Ils ne savaient pas que la météo avait aiguisé bien plus que
le paysage.

How did it start?

The coast
an umbilical cord of closed
mairies and stretches
of unshaved chins open to the sky.

The coast
has seen sickness invading before
boats ruptured far away
off the coast of Cornwall, of England.

The coast
viewed from above is a flat surface
under which hide furious notes.
The coast is a rotary dial and it has been calling.

The coast
draws itself closer everyday,
it's had a good haul.

The sheep
The site picked for the nuclear site
is being controlled by sheep now.
Literal sheep. Not poetry sheep.

The sheep
The sheep are on trial today,
though the court didn't invite them
to defend themselves.

The occupation
Decades after the Nazis, a new force
fills the same buildings, stuffing the courtyards
of the seminaries with their vans.

The occupation
The police come to find posters declaring the start of the survey.
They find none in Plogoff, in Goulien, in Cleden, in Primelin.
So they return, plaster them, take a picture as proof, then vanish.
The posters do not last long on the wall.

Comment cela a-t-il commencé ?

La côte
un cordon ombilical
de mairies fermées et une étendue
de mentons mal rasés tournés vers le ciel.

La côte
a déjà vu la maladie envahir
des bateaux se rompre au loin
au large des Cornouailles, en Angleterre.

La côte
vue d'en haut est une surface plane
sous laquelle se cachent de furieuses notes.
La côte est un cadran téléphonique et elle ne cesse d'appeler.

La côte
se rapproche chaque jour,
elle a fait une bonne pêche.

Les moutons
Le site choisi pour la centrale nucléaire
est à présent contrôlé par des moutons.
Des moutons, littéralement. Ce n'est pas une métaphore.

Les moutons
Les moutons sont jugés aujourd'hui,
bien que le tribunal ne les ait pas invités
pour se défendre.

L'occupation
Des années après les nazis, une nouvelle force
s'installe dans les mêmes bâtiments, remplissant les cours
des séminaires avec leurs fourgons.

L'occupation
La police vient chercher les affiches déclarant le début de l'enquête.
Ils n'en trouvent pas à Plogoff, à Goulien, à Cleden, à Primelin.
Alors ils reviennent, ils les placardent, ils prennent une photo comme preuve,
puis disparaissent.
Les affiches ne tiennent pas longtemps au mur.

The occupation
A helicopter frightens the birds away.
We call her mère-poule, mother-hen.
She covets her riot cops.

The crêpe
Everyone has their trick, but the common method
is to scoop the mixture with a ladle,
place it on a buttered bilig, and rake it into a circle with a rozell.

The crêpe
When the time is right, take your spatula
and slide it under the lace
holding your crêpe over it like a train.

Carefully lay it on its other side, ready to receive.

The crêpe
The first few times you try to make a crêpe,
you will either make holes, or fail to spread the crêpe
fast enough, so that it bottles at one end, slower to cook.

Backstage
It's the eve.

The French flag at half mast, the Gwenn ha du hoisted.
The folders of the survey burned by the four maires.
A white night is coming as the shadows creep up,
the first barricades are sewn.

L'occupation
Un hélicoptère effraie les oiseaux.
On l'appelle mère-poule.
Elle convoite ses précieux CRS.

La crêpe
Chacun a sa technique, mais la méthode la plus populaire
est de prendre une louchée de pâte à crêpe,
de la verser sur un bilig beurré, pour ensuite l'étaler en cercle avec un rozell.

La crêpe
Le moment venu, prenez votre spatule
et glissez-la sous la dentelle délicate
soulevant ainsi votre crêpe à la manière d'une traîne.

Déposez-la enfin soigneusement sur son autre côté, prête à recevoir.

La crêpe
Les premières fois que vous essayerez de faire une crêpe,
elle sera surement trouée et inégale, ou vous ne parviendrez pas à étaler la crêpe
assez rapidement, ce qui aura pour résultat une crêpe plus épaisse d'un côté, plus
lente à cuire.

Dans les coulisses
C'est la veillée.

Le drapeau français en berne, le Gwenn-ha-du hissé.
Les dossiers de l'enquête brûlés par les quatre maires.
Une nuit blanche se profile alors que les ombres s'avancent,
les premières barricades se lèvent.

The women arrive at the Palace of Justice

We are at the spot where the three rivers have stopped fighting,
and race to the sea as if they had always been sisters.

Les femmes arrivent au Palais de Justice

Nous sommes à l'endroit où les trois rivières ont arrêté de se disputer,
et font la course jusqu'à la mer, comme si elles avaient toujours été sœurs.

A Thursday Morning

It was a normal Thursday. The weather was doing nothing. The roads were doing nothing. Families snored an ordinary amount. Downstairs, the sea flossed its teeth. The birds rustled the papers. The barricades smelled an ordinary amount. Their height was expected. Old tractor and car parts dumped into a shape, with a seasoning of urine. Useless doors have been repurposed. The barricades are squat and peaceful, even slightly silly. Dawn comes, and the sea delivers new stones.

Un Jeudi Matin

C'était un jeudi normal. Le temps ne faisait rien. Les routes ne faisaient rien. Les familles ronflaient un montant ordinaire. En bas, la mer passait la soie dentaire. Les oiseaux bruissaient le journal. Les barricades sentaient un montant ordinaire. Leur hauteur était prévisible. Des pièces de voiture et de tracteurs abandonnées prenaient forme, avec un assaisonnement d'urine. Les portes sans but ont été réutilisées. Les barricades sont accroupies et calmes, peut-être même un peu risibles. L'aube vient, et la mer livre de nouvelles pierres.

Start with the stones

"At Plogoff, there are stones everywhere. The walls are very tempting"
— Femmes de Plogoff

Start with the stones from the garden walls.

Pollinate by the building stones, the bridge stones,
the votive stones, the stones of the saints.

Weigh each stone like a prayer.

Palms like overgrown fountains,
you disturb the weather with the slosh of your hands.

Your skin is flaked with crystals.
Public stones, private stones, they all shed the same.

The barricades swell. We are growing harder as we shoal.
Stones of light, stones of heaviness, stones of fury.

Those who cannot walk, throw.
Those who cannot run, throw.
Inhale, throw. Exhale, throw.

Each breath is a stone. Each word is a stone.
They say nothing hurts more than a tongue.

D'abord les pierres

« Et puis à Plogoff, il y a des cailloux partout. Les murs étaient vraiment tentants. »
— Femmes de Plogoff

Commencez par les pierres des murets de jardin.

Pollinisez les pierres de construction,
les pierres votives, les pierres des saints.

Pesez chacune d'elles comme une prière.

La paume telle une fontaine est envahie par la végétation,
vous perturbez les saisons de votre seule main.

Votre peau s'écaille de cristaux.
Pierres publiques, pierres privées, elles déversent toutes la même chose.

Les barricades se développent. Nous nous endurcissons à mesure que nous voyageons.
Pierres de lumière, pierres de lourdeur, pierres de furie.

Celles qui ne peuvent marcher jettent.
Celles qui ne peuvent courir jettent.
Inspirez, jetez. Expirez, jetez.

Chaque bouffée est une pierre. Chaque mot est une pierre.
On dit que rien ne blesse davantage que la parole.

I leave the earth of sober houses

enter a wavering half-land
where the black slick water
tides over your back garden   the sky is sliding off the plate into the sea
our birds are always dying   but don't you love their song

I walk with a black veil   my bin-bags stick to the walls
and I crawl up   across   towards a window
any vacant space   to absorb light with

My skin is growing lighthouses again   each one struggles to make it through
the fabric   but when they do   the result is worth it
I am pinpricked by stars
a reversed disco ball

the spaces between are getting damper   this granite brain
gets heavier every hour   even as the sea carves it
ever so slowly   into its own image

Je quitte la terre de maisons sobres

pénètre sur une semi-terre ondulante
où l'eau luisante et noire
se répand sur votre jardin   le ciel glisse de l'assiette à la mer
    nos oiseaux meurent encore et toujours   mais n'aimez-vous pas leur chant

Je suis voilée de noir   mes sacs poubelle s'accrochent aux murs
et je grimpe   de biais   jusqu'à une fenêtre
    ou tout autre espace vacant   pour absorber la lumière

Sur ma peau poussent de nouveaux phares   chacun lutte pour se frayer un passage
à travers l'étoffe   et quand ils y parviennent   le résultat en vaut la peine
Je suis piquée d'étoiles
une boule à facettes inversée

les espaces intermédiaires sont de plus en plus humides   ce cerveau de granit
    devient plus lourd d'heure en heure   alors même que la mer le sculpte
lentement, infiniment lentement   à son image

It's taken too long to get here

And I thought I still had time,
but I was studying the weather more than the tides
and did not notice the petrol
until it was at my waist.

J'ai pris trop de temps à arriver

Je pensais que j'avais encore du temps,
mais je regardais le ciel plus que les marées
et je n'ai remarqué le pétrole
que lorsque je fus à moitié submergée.

And hit return

He returned with a tobacco tin carved with barbed
        wire, a throat scraggly from the cough, a new tattoo
and outfit. His body had acquired a layer of rust.

He returned to the coiffes of Brest, the beheaded
        churches, the sky destroyed and partly plastered,
the bridge planted into the roadstead.

He returned with a foot that had squashed
        a man's head like a toad. He returned shrunk
from his frame – a fuzzy copy of himself.

The amount of return that humans transpire
        varies greatly. The small pressure
of the key returning to the start of the line.

What is a return, but a bullet caught
        flying yet pinned to the page,
the blood full but emptying.

Retour à la ligne

Il revint avec une boîte de tabac gravée d'un barbelé,
        une gorge saccagée par la toux, un nouveau tatouage
et une nouvelle tenue. Son corps avait acquis une nouvelle couche de rouille.

Il retourna aux coiffes de Brest, aux églises
        décapitées, au ciel défoncé et partiellement colmaté,
au pont planté dans la baie.

Il revint avec un pied qui avait écrasé
        la tête d'un homme comme un crapaud. Il revint
diminué - une copie floue de lui-même.

La quantité de retour à laquelle les humains aspirent
        varie grandement. La petite pression
de la touche qui revient à la ligne de départ.

Qu'est-ce qu'un retour, si ce n'est une balle qui
        file en sifflant mais qui est épinglée sur la page,
le sang rempli mais qui se vide.

Our Lady of Tires

We call our barricades the 5 o'clock mass,
and let me tell you, we've never been so fucking pious.
Our church is made of old cars and swearing,
our bones are tired but keep on giving.

Your Mother Hen, who hovers above us, may thunder fry her brains.
That's what we call your helicopter, that drunk wasp
who dives down on pensioners going to the market.
Her grenades come, her chicks have guns,
in our earth, as it is, your hell.

We fill your path with excrement.
We fill our boxes with piss and label them explosives,
sew diapers in the gardens for you to collect.
Give us this day our daily hail.
We fill your labs with our stormy discharges,
and Pollock your clothes with paint.

Our homes are an endless supply of horror.
Grandma's plates, the ones with the rabbit,
have been redecorated to look like landmines.
We send our kids out with colanders
on their heads, a wooden spoon in hand.
And forgive you your trespasses.

We live at the edge of the earth,
we've seen it at its worst, shedding
ships open like chestnuts, and you want
to fuck with it? Send us your worst
fungus-faced soldiers.
The sea always wins, child.

Notre Dame des pneus

Nous appelons nos barricades la messe de 5 heures,
et je peux vous dire que nous n'avons jamais été aussi pieux.
Notre église est faite de carcasses de voitures et de vulgarités,
nos os sont usés mais ne s'arrêtent pas.

Votre Mère Poule, qui est aux cieux, que la foudre lui grille la cervelle.
C'est comme ça que l'on appelle votre hélicoptère, cette guêpe ivre
qui s'acharne sur les retraités se rendant au marché.
Que vos grenades viennent, ses poussins ont des 9mm,
sur notre terre comme dans votre enfer.

Nous couvrons votre chemin d'excréments.
Nous remplissons nos cartons de pisse et les marquons comme explosifs,
parsemons les jardins de couches usagées pour que vous les récupériez.
Donnez-nous aujourd'hui notre salut quotidien.
Nous remplissons vos labos de nos décharges orageuses,
et souillons vos vêtements de peinture à la manière d'un mauvais Pollock.

Nos foyers sont des réserves inépuisables d'horreur.
Les assiettes de grand-mère, celles avec le lapin,
ont été redécorées pour ressembler à des mines antipersonnelles.
Nous envoyons nos enfants avec des passoires
sur la tête, une cuillère en bois à la main.
Et vous pardonnons vos offenses.

Nous vivons au bord de la terre,
nous l'avons vue au plus mal, briser
les navires en deux comme des noix, et vous voulez
jouer avec ça ? Envoyez-nous vos plus redoutables
soldats au visage fongique et décomposé.
La mer gagne toujours, gamin.

Storm Brain

You rush out as the buzzing intensifies,
somewhere above you is a net of lightning.
A wreck of wasps falls from the sky,
unnerves your car. Your eyelids can't
swipe fast enough, before wave after wave
relentlessly pours over your face,
empties your stomach out in jolts
of electricity. Stay away from the windows.
Unplug anything with a screen blinking
time, words, or images at you.

Cerveau Orageux

Tu te précipites dehors alors même que le bourdonnement s'intensifie,
quelque part au-dessus de toi s'étend un filet d'éclairs.
Une épave de guêpes tombe du ciel,
et fait trembler ta voiture. Tes paupières ne peuvent pas
faire défiler assez vite, avant que vague après vague
ne se déverse sans relâche sur ton visage,
et vide ton estomac à coups
d'électrochocs. Ne t'approche pas des fenêtres.
Débranche n'importe quoi avec un écran renvoyant
l'heure, des mots ou des images.

"I don't need electricity, it's not my TV I look at, it's my garden."

Poem found from the words of the women of Plogoff as gathered by Renée Conan and Annie Laurent in Femmes de Plogoff

They've scrubbed out
all the gaps on the map. Every
year the sea gains on the cliffs, and
the wind does the rest. They're building on top
of crevices. It's granite but it's rotten. The sea is bad,
very bad. They are mocking us. You mustn't listen to them,
they lie. After Eugène Cosquet's arrest it was calm, but then
we grabbed the slingshots again. We are calm here, we
want to live calmly here, let us live our lives, calmly.
We needed to do something. It wasn't a war, but
it was something like it. I was never frightened
and yet I scare easily. I have changed 100%.
They don't recognise me anymore. I was
at the barricades night and day for six
weeks. We didn't have time to think.
Even today, if I had
to do it again,
I would.

« L'électricité je n'en ai pas besoin, ce n'est pas la télé que je regarde, mon plaisir c'est d'être tous les soirs au jardin »

Poème trouvé dans les paroles des Femmes de Plogoff collectés par Renée Conan et Annie Laurent

Ils ont gommé
tous les trous dans la carte. Tous
les ans la mer gagne sur la terre, et le vent
ravine. Ils construisent sur des crevasses.
C'est du granit, mais c'est pourri. La mer est mauvaise,
très mauvaise. Ils se moquent. Il ne faut pas écouter ce
qu'ils disent, ils mentent. Après l'arrestation d'Eugène Coquet
ça a été d'un calme, et puis on a pris les lance-pierres de
retour. On est tranquille ici chez nous, on veut vivre
tranquille, qu'on nous laisse finir notre vie, tranquille.
Il vaut mieux lutter. Moi je n'ai jamais eu peur,
et pourtant, j'étais trouillarde ! J'ai changé
100%. On ne me reconnaît plus. J'ai été
sur la brèche nuit et jour pendant six
semaines. On ne réfléchissait pas
à ça. Même maintenant, ça
serait à refaire,
je le referais.

Ceramic brain

And when the historians came
      our skin was no longer our skin
it became naive
      charming
those suns on my eyelids
      the tree walking across your face
the tiny dancers in our hair
      they didn't know
didn't want to know
      that we survived an oven twice
and they didn't

Cerveau en céramique

Et quand les historiens arrivèrent
      notre peau n'était plus la nôtre
elle était devenue naïve,
      charmant
ces soleils sur mes paupières
      l'arbre sur ton visage
les minuscules danseurs dans notre chevelure
      ils ne savaient pas
ne voulaient pas savoir
      que nous avions survécu à la fournaise deux fois
et pas eux

Where did you go?

They have found the city in so many places
that it must be on the move.

A shell of the city rises from the seabed
crawls along, forgotten lighthouses for a snail's horn,
to find the next hospitable spot.

The next day the fisherman who swore
he saw a mass conducted in a flooded church
is taken for a visionary, that is a drunk,
and bought a round of beers.

Où es-tu ?

Ils ont trouvé la ville dans tant d'endroits
qu'elle doit sûrement être en mouvement perpétuel.

Une ville épave s'élève des fonds marins
émerge en rampant, phares oubliés pour les antennes d'un escargot,
afin de trouver le prochain lieu où elle plantera ses racines.

Le lendemain, le pêcheur qui auparavant avait juré
qu'il avait vu de ses yeux une messe célébrée dans une église inondée
est à présent pris pour un visionnaire, ou plutôt un ivrogne,
et il paie sa tournée.

I am not here

And they tell me I can travel back
                all I need is to pick up this phone
that sits heavy in my hand.

But I am weak and choke,
                hang up at the dial tone.

All these ghosts I cannot meet.

All this past I cannot meet.

No one knows I am looking for them.

I walk where their footsteps walk
            some investigator I am,
I want to listen not speak.

Je ne suis pas là

Et ils me disent que je peux revenir
                 tout ce que j'ai à faire c'est décrocher ce téléphone
qui pèse lourd dans ma main.

Mais je suis faible et mes mots se perdent dans ma gorge,
               je raccroche à la tonalité.

Tous ces fantômes que je ne peux pas rencontrer.

Tout ce passé que je ne peux pas rencontrer.

Personne ne sait que je les cherche.

Je marche là où marchent leurs pas
             je suis une piètre enquêtrice,
je veux écouter, je ne veux plus parler.

Tomorrow the rootless language comes

The light gazes at you lovingly
and you dash for it. It's on the map, just short
of where you thought you were. You've been wrong
before, but this is close enough to call.
The sea opens your ship up like pistachio,
throws the shell away. The world is all windows
and no doors. Your skin tricked in kelp,
leather meets leather, a fly caught in the tape.
The light has blown out, replaced by erosion,
hands come out of the cliffs to the cargo.
The bodies that crawl out don't last long.

The bodies that crawl out don't last. Long
hands come out of the cliffs. The cargo,
the light, a blown-out erosion.
Leather meets leather, a fly caught in the tape,
and no doors. Your skin tricked in kelp.
Throw the shell away, the world is all windows.
The sea opens your ship up like pistachio.
You're before, but this is close enough. Call
where you thought you were. You've been wrong
and you dash for it. It's on the map, just short.
The light gazes at you lovingly.

Demain vient la langue déracinée

La lumière te regarde avec amour
et tu te précipites. C'est sur la carte, près
de là où tu pensais être. Tu t'es déjà trompé
avant, mais cette fois ça ne peut pas être loin.
La mer broie ton navire comme une pistache,
et jette la coquille. Le monde n'est que fenêtres
et pas de portes. Ta peau piégée dans les algues brunes,
le cuir rencontre le cuir, une mouche prise dans du scotch.
La lumière s'est éteinte, remplacée par l'érosion,
des mains surgissent des falaises en direction de la cargaison.
Les corps qui s'en échappent ne survivent pas longtemps.

Les corps qui s'en échappent ne survivent pas. De longues
mains surgissent des falaises. La cargaison,
la lumière, une érosion essoufflée.
Le cuir rencontre le cuir, une mouche prise dans du scotch,
et pas de portes. Ta peau piégée dans les algues.
Jette la coquille, le monde n'est que fenêtres.
La mer broie ton navire comme une pistache.
Tu es avant, mais ce n'est pas loin. Appelle là
où tu pensais être. Tu t'es déjà trompé
et tu te précipites. C'est sur la carte, pas loin.
La lumière te regarde avec amour.

The Saints of Brittany

You were pregnant with too many saints
you couldn't hold them in your body
you grew more breasts to feed them all
your head fell off and you carried it a while
next to another saint's head
who was glad you gave him so much attention
the chapel's bell is ringing to warn the ships
but there is no bellringer
and no ships
there's a storm in your body
the saints are coming
the saints are invading

Les Saints de Bretagne

Tu étais enceinte de trop de saints
tu ne pouvais pas tous les contenir dans ton corps
tes seins se sont multipliés pour pouvoir tous les nourrir
ta tête est tombée et tu la conserva un moment
à côté de la tête d'un autre saint
qui était ravi que tu lui accordes autant d'attention
la cloche de la chapelle sonne pour avertir les navires
mais il n'y a pas de sonneur de cloche
et pas de navire
une tempête se déchaîne en toi
les saints arrivent
les saints envahissent

"the sunken city, she is there somewhere"
— Alain Le Goff

When we couldn't recover the sunken city
we felt it all around us. A sudden warmth
in December, a twist of fear on a terrace.

Feelings first, we are walking through invisible
things. We walk through the walls of homes and feel
the glare of the long dead. The living are clumsy.

Tonight, it isn't a cat I hear but the tractor
used to power the concert. The living, the dead,
the near dead, we are all listening.

"la ville engloutie, elle est là, quelque part"
— Alain Le Goff

Lorsque nous ne pouvions retrouver la ville engloutie
nous la sentions tout autour de nous. Une soudaine douceur
en décembre, un élan de peur sur une terrasse.

Les sentiments en avant, nous marchons à travers les choses
invisibles. Nous marchons à travers les murs des maisons et sentons
le poids du regard des anciens morts. Les vivants sont maladroits.

Ce soir ce n'est pas un chat que j'entends, mais le tracteur
utilisé pour alimenter le concert. Les vivants, les morts,
les presque morts, nous écoutons tous.

Here, now

Gazhal found from the voices of "Femmes de Plogoff"

I wasn't born in Plogoff but I've grown long roots here.
My birthplace has become a municipal bin. Here

the women won't let the station grow. In the paper
there was a picture of a white-haired woman, her

name I don't know. The gendarmes wanted to move
her from the wall. She clung, probably said "here

is my home". Did you see the woman who stole the baton
from the riot cop? Ah the women of Plogoff. They're

nearly all stay-at-home mums, the wives of sailors have
to be resourceful. We are often alone. No job? Here

now, we have 36 at least, but the worst one is the paperwork.
And the best, at the barricades. My husband joins me here

when he is back from the sea. We go and empty the bins
out together and laugh at them. My daughter promised hers

she wouldn't go but he saw her on TV. I send mine
clippings but don't want to worry him. He doesn't hear

everything. A man couldn't stay like we do for whole days
watching the riot vans. Being there. Being here.

Ici, Maintenant

Gazhal trouvé parmi les voix de « Femmes de Plogoff »

Je ne suis pas née à Plogoff. J'y ai de bonnes racines.
Mon village natal est devenu poubelle municipale. Ici,

les femmes sont formidables ! Dans un journal
il y avait une photo d'une dame aux cheveux blancs,

je ne connais pas son nom. Les gendarmes voulaient
la faire partir, elle s'accrochait au mur disant « Ici,

c'est chez moi ». Vous avez vu la femme qui a arraché
sa matraque à un parachutiste ? Ah ! Ce sont des femmes !

Elles sont presque toutes des femmes au foyer, il faut qu'elles
se démènent. On est souvent seules. Sans profession ? Non !

On en a 36, le pire c'est la paperasse, et le meilleur,
les barricades. Mon mari me rejoint quand il rentre

de mer. Le soir, on allait rire et jeter la poubelle aux barrages.
Ma fille promettait à son mari de ne plus retourner

et le lendemain on la voyait à la télé ! J'ai envoyé au mien
quelques coupures de presse mais pas les plus dures,

je ne voulais pas l'affoler. Les hommes ne peuvent pas rester
des heures, comme nous sommes restées. Ici. Maintenant.

We are not so good at saying hello

We are not so good at saying hello.
There's a queue going out of the door.
"Bare feet!" shouts the man next to me:

someone is wearing flip flops in winter.
It's lunchtime soon, the nuns will blister
the bells, and the cigarettes will be pushed

down into waxed pockets. "Are you Mozart?"
the man next to me asks, (as I type too fast).
The town used to be cut in two, his friend tells us,

bourgeois on one side of the bridge, working class
on the other, "but now we rot together". "Ask
me what I want" his friend interrupts. "Another?"

The door's a rusty swing that keeps throwing
through a new wave of bodies; swimming
up to the bar for scratch cards, then back to shore.

Do I tell them I was born 20 meters from here?
That I cycled and fell, cried and left a smear
of snot on the bridge that cuts the town in two?

That I ran away and returned with a shirt too loud
for the crowd, that I forgot to ask for a cloud
of milk in my coffee, so will add the one in

my brain instead. I say nothing, they like my shirt,
these men that look like my father. What's the word
for when they all do? A cloudness? A loudness?

On n'est pas les meilleurs pour dire bonjour

On n'est pas les meilleurs pour dire bonjour.
Une file d'attente s'étend au-delà de la porte.
« Pieds nus ! » s'écrie l'homme à côté de moi :

quelqu'un porte des tongs en hiver.
C'est bientôt l'heure du déjeuner, les nonnes vont oblitérer
les cloches, et les cigarettes seront écrasées

dans le fond des poches cirées. « Êtes-vous Mozart ? »
demande l'homme à côté de moi (car je tape trop vite).
La ville était coupée en deux, nous raconte son ami,

bourgeois d'un côté du pont, classe ouvrière
de l'autre, « maintenant nous pourrissons ensemble ». « Demande-
moi ce que je veux », interrompt son ami. « Une autre ? »

Au travers des portes battantes rouillées se déverse un
flot continu de corps ; nageant péniblement
jusqu'au bar pour des cartes à gratter, puis retournant au rivage.

Devrais-je leur dire que je suis née à 20 mètres d'ici ?
Que je faisais du vélo et que je suis tombée, que j'ai pleuré et laissé une trace
de morve sur le pont qui coupe la ville en deux ?

Que je me suis enfuie et que je suis revenue avec une chemise trop excentrique
pour les locaux, que j'ai oublié de demander un nuage
de lait dans mon café, et que j'y ajoute donc celui qui loge dans

mon cerveau à la place. Je ne dis rien, ils aiment ma chemise,
ces hommes qui ressemblent à mon père. Comment les appelle-t-on
dans ce cas-là ? Un nuage de pères ? Un volume ?

Because every kitchen blurs as one
For Kara Chin

Eventually, all kitchens blur as one,
connected by a countertop that shifts
from wipe down white to speckles,
from solid slabs of oak to now this,
false concrete poured under your hands
as you look out of a window
that shifts to a different marble of walls and rooftops and skies.

Always the kettle. A mug slides from one kitchen
to another, impossibly intact, remembers your lips
as the lights from one kitchen turn on,
turn off, or flicker.

The door is open, the door is closed, the door has been
eased off its hinges and thrown into the tip,
it leads to your bedroom, a corridor, an exit.

Always the internal timer, before your housemate,
leery or bored, emerges from his or her bedroom,
you slide the pizza in a practiced swipe from oven to plate,
sneak back to your room with your precious cargo
to sit in front of your laptop.

You know your body cannot take this choreography
much longer, needs to be slow-cooked. The microwave pings
in several cities at once, the microwave pings in rooms
that are here and not here, and the tap goes on and off.
On and off. On and off. On and off. On and off.

Toutes les cuisines ne deviennent qu'une
Pour Kara Chin

Au bout d'un certain temps, toutes les cuisines se confondent en une seule,
connectées entre elles par un plan de travail qui passe tour à tour
du blanc impeccable à une surface couverte de tâches,
de solides dalles de chêne à ceci,
un faux béton coulé sous tes mains
alors que tu regardes par la fenêtre
qui se transforme en une mosaïque de murs, de toits et de ciels.

La bouilloire, toujours. Une tasse glisse d'une cuisine
à un autre, impossiblement intacte, se souvenant de tes lèvres
alors que les lumières d'une des cuisines s'allument,
s'éteignent ou vacillent.

La porte est ouverte, la porte est fermée, la porte a été
retirée de ses gonds et jetée à la décharge,
elle mène à ta chambre, un couloir, une sortie.

Toujours cette minuterie interne, avant que ton coloc,
par ennui ou par suspicion, sorte de sa chambre,
tu fais glisser d'une main experte et entraînée la pizza du four jusqu'à l'assiette,
et tu retournes furtivement dans ta chambre avec ton précieux cargo
avant d'aller t'asseoir devant ton ordinateur portable.

Tu as conscience que ton corps ne pourra pas supporter cette chorégraphie
beaucoup plus longtemps, une cuisson lente est requise. Les pings du micro-onde
retentissent dans plusieurs villes à la fois, résonnent dans des pièces
qui sont là et qui ne sont pas là, et le robinet s'ouvre et se ferme.
S'ouvre et se ferme. S'ouvre et se ferme. S'ouvre et se ferme. S'ouvre et se ferme.

In another time

That was the summer that slates fell off my body like dandruff; every brick of me dismantled and scattered, I found my arm in the roof of a church. The neighbours collected my fingernails and brought them to me in a glass jar "for when the time is right". That summer exploded my insides out, was I the city? I felt myself in every street, but nowhere either. My blood was draining down the pavements with the rain. Each bullet in the wall echoed back into my skin. I poked my bones. All of us haunted down the streets looking for our missing limbs. The weather grew so angry within us, we started spitting hail. Every Tuesday to the market, we gull-gathered from stall to stall. It was a miracle the way our legs could carry us from place to place. Our wings clipped and useless. We opened our mouth to speak and only rain came out, dull, grey, roof-like. We are forgetting the names of colours, the way they used to bubble out of our bodies and wriggle through the windows. Our footprints leave ash if anything at all. We must press ourselves into the very walls, hide our feathers from them. A flash of red and all is lost. There is still so much to lose.

Un autre temps

Ce fut l'été où les tuiles tombèrent de mon corps comme des pellicules ; chaque brique de mon corps fut démantelée et éparpillée, je trouvais mon bras dans le toit d'une église. Les voisins recueillirent mes ongles et me les apportèrent dans un bocal "pour quand ce sera le moment". Cet été fit voler mes entrailles en éclat, étais-je la ville ? Je me ressentais dans chaque rue, et nulle part à la fois. Mon sang se vidait sur les pavés sous la pluie. Chaque balle dans le mur résonnait dans ma peau. Je tâtais mes os. Chacun d'eux hantait les rues à la recherche de nos membres perdus. Le temps devint tempétueux dans nos cœurs, il commençait à y grêler. Tous les mardis au marché, nous récoltions notre butin de stand en stand. C'était un miracle que nos jambes puissent nous amener ainsi d'un point à un autre. Nos ailes coupées et inutiles. Nous ouvrions notre bouche pour parler et seule la pluie en sortit, morne, grise, de la couleur des toits. Nous oublions le nom des couleurs, la façon qu'elles avaient d'émaner de notre corps et de s'échapper par les fenêtres. Nos traces de pas laissent seulement de la cendre derrière nous, si elles laissent quoi que ce soit. Nous devons nous écraser contre les murs, dissimuler nos plumes de leur regard. Un éclair de rouge et tout est perdu. Il y a toujours tant à perdre.

The ghosts come to drink

I want to develop the habit of keeping each cork after the bottle's been spent,
and scribble the occasion. "Paul came to visit", "Zoom poetry night",
or even "It's too cold". My grandmother's trivet is made of cork from a particularly
loquacious night with friends, and we've passed down that raucous night.
The ghosts come to celebrate with us each time a hot dish is lowered.
I am not good at reading tarot without the guide, but I can interpret
the low-tide of a wine glass too well. This is the way the evening will go.
This is the path we will take. The one that seems distorted with stars,
or the one setting softly in the horizon.

Les fantômes viennent boire un verre

Je veux cultiver l'habitude de garder chaque bouchon après que la bouteille est dépensée,
et écrire l'occasion en dessous. "Visite de Paul", "soirée poésie sur Zoom",
ou même "ça caillait". Le dessous de plat de ma grand-mère est fait de liège d'une soirée
particulièrement loquace entre potes, et nous avons partagé cette soirée animée depuis.
Les fantômes viennent célébrer avec nous à chaque fois qu'un plat chaud arrive.
Je ne peux pas lire le tarot sans un guide, mais j'interprète
très bien la marée basse d'un verre de vin. C'est ainsi que la soirée se déroulera.
Voici son chemin. Le chemin qui sera déformé par les étoiles,
ou celui qui se couchera doucement à l'horizon.

Flâneuse Brain

walking as a body submerging itself in another body   as light refraction
walking as soggy pages   as steeping   as a precious waste of resources

walking as the act of waiting   for your receptacle   to fill
walking as a locked door   a bathbomb drop   all release

how much walking is too much walking   as looking for light damage

the eyes rolling back on themselves   a disbelief in colour

walking as a body out of scale   the vertiginous act of swallowing yourself
it happens   then what   is the distortion

walking as a battery drained   before its time   the leap from 44%
to nothing   legs full of networks   but no plugs

when is the walking completed   have you uploaded necessary data
is there a backup folder   are you the backup folder

Cerveau flânant

marcher comme un corps s'enfonçant dans un autre corps   comme réfraction de
lumière
marcher comme des pages détrempées   comme une infusion   comme précieux
gaspillage de ressources

marcher comme attendre   que ton verre   se remplisse
marcher comme une porte verrouillée   une bombe de bain   une libération

à quel moment beaucoup de marche devient trop de marche   marcher en
recherche de dommages dûs à la lumière

les yeux qui roulent   ne pas croire aux couleurs

marcher comme un corps disproportionné   l'acte vertigineux de s'avaler
soi-même
ça arrive   mais qu'est-ce   que cette distorsion

marcher comme une batterie morte   avant l'heure   le bond de 44%
à plus rien   les pieds pleins de réseaux   mais pas de prise

quand la marche est-elle terminée   as-tu mis suffisamment de données en
ligne
y a-t-il un dossier de secours   es-tu le dossier de secours

Why not?

I travel from my sofa
back in time and to the place

> where the sea is everywhere
> in smell if not in sight

salt clings to shaved chins
and scraggles of seaweed

> are dried husks in the garden
> and I want some of that magic

that made you all think
fighting was the best option

> against well-armed riot cops
> you with your stones and sticks

and old farm equipment
if you can do it

> if your small village
> can make presidents sweat

what's to stop me
or any of us really

Pourquoi pas ?

Je voyage depuis mon canapé
dans le temps et à l'endroit

      où la mer est partout
      en odeur sinon en vue

le sel s'accroche aux mentons rasés
et les brins d'algues

      sont des peaux séchées dans le jardin
      et je veux un peu de cette magie

qui vous a tous fait penser que
se battre était la meilleure option

      contre des CRS bien armés
      vous avec vos pierres et vos bâtons

et votre vieux matos agricole
si vous pouvez le faire

      si votre petit village
      peut faire transpirer les présidents

qu'est-ce qui m'arrête
ou n'importe lequel d'entre nous vraiment

Brain as Forest

The collective noun for tree isn't forest, it's a flooding.
A flooding of trees. You are swimming through our *glas*,
      the blue-green trees, we are tainting you with each stroke.
Your arms bubble with berries fit to burst.

You've tripped, caught by the swell of a hawthorn,
      your skin turns *glazik*.
I mock you *gwez mor, gwez mor*, the sea of trees.

Your snout is caught in the roots
      where the dead whisper in their busy treacle.
You cannot speak, your belly trapping shadows.

It's true, you are drowning, your face framed in poplar.
      The waves root through your limbs,
twigs spidering up your legs.

A clearing, and I speak: "It's nice that you think I need rescuing".

Your teeth are flowering now
      where is your alphabet? your brain slithers
with *drez, balan, brug, tann, hogan*:

you are spelling MOUTH with brambles,
      broom, heather, sessile oak, hawthorn.
Your tongue is teeming with insects,

skin shedding from your body into keys,
      winged fruit, acorns. One palm torsades
up to the sky as if to palp the clouds.

What are you now but the sound
      of coins pouring down a chute,
strings of ivy plucked and unplucked.

You are foreign in a forest of foreigners,
      your skin is full of our words,
with a new letter, *kerzhin*, added to our alphabet.

Le cerveau en tant que forêt

Le nom collectif pour arbre n'est pas forêt, mais inondation.
Une inondation d'arbres. Tu nages au travers de notre *glas*,
    les arbres bleu-vert, nous te souillons à chaque mouvement.
Tes bras bouillonnent de baies prêtes à éclater.

Tu trébuches, pris par la houle d'une aubépine,
    ta peau devient *glazik*.
Je me moque de toi, *gwez mor, gwez mor*, la mer d'arbres.

Ton museau est pris dans les racines
    où les morts chuchotent dans leur mélasse grouillante.
Tu ne peux pas parler, ton estomac emprisonnant les ombres.

C'est vrai, tu te noies, ton visage encadré de peuplier.
    Les vagues s'enracinent dans tes membres,
des brindilles remontant le long de tes jambes.

Une clairière, et je déclare : « C'est gentil de penser que j'ai besoin d'être sauvée ».

Tes dents fleurissent maintenant
    où est ton alphabet ? ton cerveau ondule
de *drez, balan, brug, tann, hogan* :

tu épelles BOUCHE avec des ronces,
    du genêt, de la bruyère, du chêne sessile, de l'aubépine.
Ta langue fourmille d'insectes,

ta mue se détachant de ton corps pour se transformer en clé,
    en fruit ailé, en glands. Une main torsade
vers le ciel comme pour toucher les nuages.

Qu'es-tu maintenant, si ce n'est le son
    de pièces se déversant dans une goulotte,
des cordes de lierre cueillies et non cueillies.

Tu es un étranger dans une forêt d'étrangers,
    ta peau est pleine de nos mots,
avec une nouvelle lettre, *kerzhin*, ajoutée à notre alphabet.

Brain as City

As the sky drawstrings to darkness,
      your buildings wake
– raise their skirts out of the gutter
      with an unsteady focus;
the park uproots itself,
      swings to the right,
its eyes two horses on springs,
      its mouth of sand empties.
The river abandons her bed
      tips out into the street,
(which itself has unlocked its jaws,
      the crossroad crumples into
the alley, headlines procreate
      with street signs, "STOP CHICKEN",
"ORGANIC KING", "WARNINGLAND").
      Now, the Ladbrokes roll out
like a rubber band ball,
      accumulating house numbers.
They lurch forward: bus stops,
      compost bins, roofs of clay, slate, and grit,
doors united into a leg
      (windows leave
the most curious prints behind),
      and they sink deep, and then deeper,
into the mushrooming ground,
      not a spire left
to periscope.

Cerveau en tant que ville

Alors que le ciel s'étire vers les ténèbres,
    tes bâtiments se réveillent
– extirpant leurs jupes du caniveau
    avec une concentration instable ;
le parc se déracine,
    basculant vers la droite,
ses yeux comme deux chevaux sur ressort,
    sa bouche de sable se vide.
La rivière abandonne son lit
    et se déverse dans la rue,
(qui a elle-même débloqué sa mâchoire,
    le carrefour s'effondre dans
la ruelle, les gros titres se reproduisent
    avec des panneaux de signalisation, « STOP POULET »,
« LE ROI DU BIO », « LE PARC INTERDIT »).
    Maintenant, les Ladbrokes s'élancent en tout sens
comme une balle en caoutchouc,
    accumulant les numéros de rue.
Ils bondissent en avant : arrêts de bus,
    bacs à compost, toits d'argile, d'ardoise et de gravier,
les portes jointes en un point
    (les fenêtres laissant
d'étranges empreintes),
    et ils s'enfoncent profondément, de plus en plus profondément,
dans le sol qui champignonne,
    pas même une flèche
à scruter.

Pigeon Brained

It was that time of night when my brain speaks French
but my tongue spews wine, and the weather speaks emoji,
but the streets speak Latin, and my phone is speckled
with the language of my body leaning on it unlocked.

>   Perhaps I'm lucky to live between two languages
>   never needing to get too comfortable with either
>   – which one would I rather dream in?
>   which one swears the best? Do I sweat French?

And I swayed towards home, half-hero half-blurred,
stomping with each step on another seam, one operation
after another stabbed with wild weeds. Considered my body
and its habit of sprouting bruises and cuts during sleep

>   how they themselves journeyed through DNA
>   from ancestors also prone to bruising without
>   need for obstinate furniture. Each a careful
>   operation leading to this very moment

when I find myself stumbling back, the asphalt
bubbling under me, revealing how here – the surface
flakes past pain, allows a shoal to bare its back,
unroll fish scales beneath my feet, swimming somewhere new.

Cerveau de pigeon

C'était ce moment de la nuit où mon cerveau parle français
mais ma langue crache du vin, et la météo parle en emoji,
mais les rues parlent latin, et mon téléphone déverrouillé est tacheté
du langage de mon corps appuyé dessus.

> J'ai peut-être de la chance de vivre entre deux langues
> sans jamais avoir besoin d'être trop à l'aise avec l'une ou l'autre
> – dans quelle langue décidé-je de rêver ?
> quelle langue est la plus injurieuse ? Est-ce que je transpire en français ?

Et je tanguais vers la maison, mi-héroïne mi-floue,
marchant à chaque pas sur un autre joint, une opération
après l'autre percée de mauvaises herbes. Considérant mon corps
et son habitude à faire germer des bleus et des coupures pendant mon sommeil

> comment ils ont eux-mêmes voyagé à travers l'ADN
> depuis des ancêtres aussi sujets aux ecchymoses sans
> besoin de meubles obstinés. Chaque prudente
> opération menant à ce moment précis

où je me retrouve à rentrer en titubant, l'asphalte
bouillonnant sous moi, révélant comment ici la surface
s'effrite au-delà de la douleur, permettant à un banc de poissons de se dévoiler,
de dérouler ses écailles sous mes pieds, nageant vers de nouveaux horizons.

Daytime Drinking Brain

I hope it doesn't end up   [end]
in one of your poems,   [your poems]
he says.   [he says]
Give me a coaster   [give me]
and I will create   [I will create]
strange confetti, a dagger.   [a dagger]
Rape is so cliché.   [so cliché]
Oh I had a bad experience   [experience]
and now it fills all my words   [my words]
with paralysis and smoke   [smoke]
and *the trauma of it*   [of it]
Yes, I agree, quite enough   [quite enough]
already from other…   [from others]
The pub is intricate like   [like]
a chocolate box – and   [a box]
just as lacquered   [lacking]
and you came back   [and]
wrong.   [wrong]

Cerveau apéro

J'espère que ça ne va pas finir	[finir]
dans un de tes poèmes,	[tes poèmes]
dit-il.	[dit-il]
Donne-moi un sous-verre	[donne-moi]
et je vais créer	[je vais créer]
d'étranges confettis, un poignard.	[un poignard]
Le viol c'est tellement cliché.	[tellement cliché]
Oh j'ai eu une mauvaise expérience	[expérience]
et maintenant cela remplit tous mes mots	[mes mots]
de paralysie et de fumée	[fumée]
et *le traumatisme de tout ça*	[de tout ça]
Oui, je suis d'accord, il y en a déjà assez	[assez]
de l'autre…	[des autres]
Le pub est complexe comme	[comme]
une boîte de chocolats – et	[une boîte]
tout aussi laqué	[manquant]
et tu es revenu changé	[et]
en mal.	[en mal]

Brain freeze

Putting my hands on the wheel, lights on,
empty road, red evening, ease the gas
and park, handbrake up, body cranked shut,
your bellybutton boxing you to the seat.

Two options before you: the bar to beat
your insides with booze, the sea to switch
your outsides with ice. Or this cold container
of a car, with this body that cannot find
the right levers to move, to drive, to way.

Gel de cerveau

Mettre mes mains sur le volant, pleins phares,
la route déserte, une nuit rouge, relâcher le gaz
et me garer, frein à main, le corps verrouillé,
ton nombril s'enfonçant jusqu'au siège.

Deux options s'ouvrent à toi : le bar pour détruire
tes entrailles à l'alcool, ou la mer pour battre
ton corps en glace. Ou cette carcasse gelée
qu'est ta voiture, avec ce corps qui ne trouve pas
les bons leviers pour bouger, conduire, se placer.

Code-Switching Brain

"We develop awareness of when to 'code-switch': to move back and forth between two languages" — Hanan Ben Nafa

We start off in one lane, eyes on rear-view,
develop arms to switch gears better, increase
awareness of obstacles, of figures in darkness,
of squirrels dashing before our sentences.

When the lights turn red, we pause, unsure of
tongue shapes, something as simple as 'oh' a
code too tough to crack. How is the 'O' formed?
Switch on, lights green, and the engine takes over.

To drive is automatic, but sometimes you glitch:
"move along!" (it is a kite not a car), and then
back: you are again driving the wrong vehicle
and your other rules do not apply here. (and so

forth). And then, it's hard to resist driving a kite:
between the strings you see a road developing
two borders carpeting behind you comically, their
languages booming and then seceding to light.

Cerveau à code changeant

« Nous développons une prise de conscience du moment où nous devons « changer de code » :
comme pour passer d'une langue à une autre » — Hanan Ben Nafa

On commence dans une voie, les yeux rivés sur le rétroviseur,
on développe des bras pour mieux changer de vitesse, pour augmenter
notre capacité à évaluer les obstacles, les silhouettes dans l'obscurité,
les écureuils qui s'élancent sous nos roues.

Lorsque les feux passent au rouge, on s'arrête, incertains
quant à la forme du langage, quelque chose d'aussi simple que « oh » est un
code trop difficile à déchiffrer. Comment ce « O » est-il formé ?
On démarre, feu vert, et le moteur prend le relais.

Conduire est un automatisme, mais parfois on bugue :
« avance ! » (c'est un cerf-volant, pas une voiture), et soudain
on est de retour : on conduit à nouveau le mauvais véhicule
et nos autres règles ne s'appliquent plus ici. (et ainsi

de suite). Et puis, c'est difficile de résister à un cerf-volant :
entre les cordes on voit une route se créer
deux frontières s'étendant derrière nous de façon presque comique, leurs
langues s'épanouissant et déclinant à la lumière.

Air-Brained

1. My memories have vanished, I tug at them, expecting the resistance of roots, but there is nothing.
2. Nothing is never nothing. The polluted air says the city is not open. though the pavements breathe better than I do.
3. My questions are sending questions to each other to pass the time.
4. Nothing is a terror that cannot be described because it is nothing. Your brain has masses of nothing floating too far to reach. I can tell you this one is cold, but not its contents.
5. Nothing makes it impossible to concentrate.
6. A memory buzzes to life as if on the telly in the neighbour's flat, but I close the curtains and ignore it.
7. Nothing isn't uncomfortable.
8. Some types of air are easier to contain than others. I appear to be very easy to contain.
9. I begin an inventory of my brain: moss, yellow, a cork keyring, a chipped ceiling…
10. A chipped ceiling.
11. I abandon the inventory. Nothing can't be distorted.
12. I know that I cannot trust the air.
13. The television has turned back on, but I cannot tell what it is showing me.
14. The air is turning to water, it has extracted the drops air was so carefully dissimulating.
15. My brain is filling with a substance heavier than nothing. Water sloshes against my forehead, makes my neck bend with the effort.
16. Water-brained is not so different from air-brained, except it is more tiring to stay in one place.
17. I want you to know, if you are reading this, that I am trying to drain the water.
18. Let me rephrase that: the water will drain itself when it is ready to.
19. The cattle grid descends, sifts through the bubbles of air, divides the brain into two stagnant pools.
20. Did you know brain-bubbles could be static? They stick to one another to insulate the brain.
21. I dream of waking in a glorious mess, weeds and bugs and viruses, a muddy handprint on the wall of my brain.

Cerveau aérien

1. Mes souvenirs ont disparu, je les tiraille, m'attendant à une résistance des racines, mais il n'y en a aucune.

2. Rien n'est jamais vraiment rien. L'air pollué prouve que la ville n'est pas ouverte. bien que les trottoirs respirent mieux que moi.

3. Mes questions s'envoient des questions les unes aux autres pour passer le temps.

4. Rien est une terreur qui ne peut être décrite, de par sa nature : le rien. Ton cerveau est composé de masses de rien flottant hors de portée. Je peux te dire que celle-ci est froide, mais son contenu je ne sais pas.

5. Le rien rend la concentration impossible.

6. Un souvenir s'anime comme sur l'écran de télé du voisin, mais je ferme les rideaux et je l'ignore.

7. Le rien n'est pas inconfortable.

8. Certains types d'air sont plus faciles à contenir que d'autres. Apparemment je suis très facile à contenir.

9. Je commence un inventaire de mon cerveau : de la mousse, du jaune, un porte-clés en liège, un plafond écaillé...

10. Un plafond écaillé.

11. J'arrête l'inventaire. Le rien ne peut être déformé.

12. Je sais que je ne peux pas faire confiance à l'air.

13. La télévision s'est rallumée, mais je ne comprends pas ce qu'elle me montre.

14. L'air se change en eau, elle extrait les gouttes que l'air avait si soigneusement dissimulées.

15. Mon cerveau se remplit d'une substance plus lourde que le rien. L'eau clapote contre mon front, et mon cou flanche sous l'effort.

16. Le cerveau aquatique n'est pas si différent du cerveau aérien, sauf que c'est plus fatigant à stabiliser.

17. Je veux que tu saches, si tu lis ces lignes, que j'essaie de vider l'eau.

18. Je vais reformuler : l'eau s'écoulera d'elle-même quand ce sera le moment.

19. La porte de l'enclos s'abaisse, passe les bulles d'air au crible, divise le cerveau en deux bassins d'eau stagnante.

20. Savais-tu que les bulles cérébrales peuvent être statiques ? Elles se collent les unes aux autres pour isoler le cerveau.

21. Je rêve de me réveiller dans un glorieux désordre, des mauvaises herbes, des insectes et des virus, une empreinte boueuse sur la paroi de mon cerveau.

Esc Delete Uninstall

My brain's installed a decoder
that translates everything told to me
into "I wish you were dead".
"Pass the butter", "What time
is your train", "I can't make
it tonight" all mean, "I wish
you were dead". When my sister
asks me to drive her children, she wishes
I were dead. When my mother asks
me to make her phone work,
she wishes I were dead. The person
at the post office stopped smiling
briefly as she tapped on the till. She too,
wishes I were dead. I do not wish
to be dead, but peer pressure is a bitch.

I throw my hands into the static to find
the real the what the tape I twist
the neck of the make the butter
phrase book phase a right hook
nope some glimmer that looks
like truth is there shapeshifting
from hate to love and back again.

Echap Suppr Désinstaller

Mon cerveau a installé un décodeur
qui traduit tout ce qu'on me dit
en « J'aimerais que tu sois morte ».
« Passe-moi le beurre », « A quelle heure
est ton train », « Je peux pas venir
ce soir », tout devient « J'aimerais
que tu sois morte ». Quand ma soeur
me demande de ramener ses enfants, elle
aimerait que je sois morte. Quand ma mère me
demande de faire marcher son téléphone,
elle aimerait que je sois morte. La personne
à la poste a brièvement arrêté de sourire
pendant qu'elle tapait à la caisse. Elle aussi,
aimerait que je sois morte. Je ne veux pas
mourir, mais la pression sociale est une saloperie.

Je plonge mes mains dans la statique pour trouver
le vrai le quoi le ruban je tords
le cou de cette création les glissantes
phrases livrent une phase je cogne
non ah une lueur qui semble
être la vérité est là se changeant
de la haine à l'amour et vice-versa.

Acknowledgements

The poems "we pick our roles and wait backstage", "start with the stones", "I leave the earth of sober houses", and "I discovered in this town more than a cliff" were originally translated by Fenn Troller.

All other poems were translated by Marie Lando to whom I am eternally thankful for their care, hard work, and huge patience!

My thanks to Aaron Kent for taking on this manuscript and being so enthusiastic about it being translated, a long-held dream of mine.

Thank you to *Jules et Jane* for the amazing cover artwork, and Mathilde Legrand for lending her ammonite embroideries to the in-pages. Discover their amazing work on Instagram at @JulesetJane and @atelier.mathilde. legrand

Finally, thank you to my family and friends, old and new, for their support over the last few years. Special thanks to my dad and Anne-Marie who first told me about Plogoff half a decade ago and sparked an obsession in me about it!

Several poems come from my pamphlet *Brain Fugue*, published by Verve Poetry Press and reproduced with their kind permission. These are: "storm brain", "flâneuse brain", "brain as forest", "brain as city", "pigeon brained", "daytime drinking brain", "code-switching brain", "air-brained", and "escape delete uninstall".

"The saints of Brittany" appeared in the Blue Beggar Press anthology.
"Ceramic brain" and "Every kitchen on the move" were published by Harana.
"I leave the earth of sober houses" was published in Magma's Anthropocene issue.
"Storm brain" was published in an anthology of the same name by the Hippocrates Press.

Remerciements

Les poèmes « nous choisissons un rôle et patientons en coulisse », « D'abord les pierres », « Je quitte la terre de maisons sobres », et « Dans cette ville, j'ai trouvé plus qu'une falaise » furent d'abord traduits par Fenn Troller.

Tout les autres poèmes furent traduits par Marie Lando, que je remercie infiniement pour son travail et sa patience infinis !

Merci également à Aaron Kent pour avoir accepté ce manuscrit et surtout pour son enthousiasme concernant la possibilité d'une édition bilingue, chose que je souhaitais depuis longtemps.

Je remercie également *Jules et Jane* pour la couverture magnifique et Mathilde Legrand pour l'utilisation de ses broderies d'ammonites en pages intérieures. Découvrez leur travail magnifique sur Instagram : @JulesetJane et @atelier. mathilde.legrand

Enfin, je remercie ma famille et mes amis, anciens et nouveaux, pour leur soutien au cours de ces dernières années. Un merci en particulier à mon père et Anne-Marie qui m'ont fait découvrir l'affaire Plogoff il y a environ 5 ans de ça, et sont à l'origine de mon obsession à ce sujet !

Plusieurs poèmes viennent de mon recueil *Brain Fugue* publié par Verve Poetry Press. Ils sont reproduit avec leur permission. Il s'agit de « Cerveau orageux », « Cerveau flânant », « Le cerveau en tant que forêt », « Cerveau en tant que ville », « Cerveau de pigeon », « Cerveau apéro », « Gel de cerveau », « Cerveau à code changeant », « Cerveau aérien », « Echap Suppr Désinstaller ».

« Les saints de Bretagne » apparaît dans une anthologie de Blue Beggar Press. « Cerveau en céramique » et « Toutes les cuisines ne deviennent qu'une » apparaît dans Harana.
« Je quitte la terre de maisons sobres » apparaît dans l'édition anthropocène de Magma.
« Cerveau orageux » apparaît dans l'anthologie *Storm Brain* publié par Hippocrates Press.

EXPOSE TON MALAISE

Lightning Source UK Ltd.
Milton Keynes UK
UKHW021421060422
401149UK00005B/58

9 781915 079206